Naima H. Marie

Glassplitter und Schokoraspel

Naima H. Marie

Glassplitter und Schokoraspel

düstere, raue, gefühlvolle, bunte
und philosophische Lyrik und Kunst

Bibliografische Information der Deutschen Nationalbibliothek:
Die Deutsche Nationalbibliothek verzeichnet diese Publikation
in der Deutschen Nationalbibliografie;
detaillierte bibliografische Daten sind im Internet
über http://dnb.dnb.de abrufbar.

Verlag: BoD · Books on Demand GmbH, In de Tarpen 42,
22848 Norderstedt, bod@bod.de
Druck: Libri Plureos GmbH, Friedensallee 273, 22763 Hamburg

ISBN: 978-3-7578-8373-7

Inhaltsverzeichnis

Triggerwarnung

Einige Gedichte handeln explizit von sexuellen Übergriffen, selbstverletzendem Verhalten oder Suizid.

Wenn es dir mit diesen Themen nicht gut geht, lies bitte nicht weiter, oder lies nicht allein.

Für den Fall, dass dich eines oder mehrere der Themen betreffen, findest du am Ende des Buches eine Liste mit Telefonnummern, an die du dich jederzeit wenden kannst.

nichts entblößt mich mehr
als die worte die ich schreibe
sprache macht mich verletzlich
ist mir haut und kleidung zugleich

getrocknete tinte klebt auf rissigen lippen
dünnes papier, ein blick auf meine rippen
zwischen meinen beinen, ein seitenumbruch
des körpers sensible nerven, buchstabenwucht

jede zeile die ich nieder schreibe
entfernt ein stück stoff von meinem leibe
tinte offenbart jede einzelne meiner narben
gibt freie sicht auf die palette meiner farben

zusammengekauert, in eine ecke gerutscht
hände in scham vor dem gesicht haltend, punkt
lies meine poesie mit vorsicht, sei bitte sachte
vor dir liegt mein nacktes ich, worte, betrachte

- *von worten entkleidet, entblößt*

SCHMERZ UND EUPHORIE

du bist meine tinte. dank dir
kratzt meine feder nicht länger
doch es schmerzt zu wissen
dass all das, was ich schreibe
nur ist
weil das, worüber ich schreibe
nicht ist

worte schmerzen
punkte
bloß trostpflaster
doch stille
lässt verbluten
    -kommunikation

Nichts Schmerzvolleres als Vermissen
dem der da liebt.
Kein Messer der Welt
schneidet so tief, wie das der Zeit

Noch während du dich
an all den Farben erfreust
verlierst du dein Augenlicht
Und lachend hörst du die Musik,
derweil dein Gehör sich langsam leiser dreht

Du rennst so verdammt schnell, unbemerkt
dass du mehr und mehr um dich herum siehst,
weil du langsamer wirst
Die Strecken werden kürzer
doch die Erde dreht sich schneller

Die Zeit hält deine Hand
noch bevor es das Leben tut
und du bist so gewohnt
an diese Hände
dass du lange nicht spürst
wie eine dritte Hand, eine Endgültigere
sich sachte um deinen Atem legt

- altern

wenn die zeit still steht
das ticken der uhr pausiert
dann hört man die stille
und die stille ist laut
so laut, dass es schmerzt
eine umarmung aus schmerz
die man nicht zuerst verlässt
weil der schmerz des lebens
stärker wär´ als der der stille

dein gift schmeckte nach frisch gepresster orange
und deine worte waren in seide gekleidet
wie hätte ich ahnen sollen
was es mir antun würde?

Ich sitze neben ihm im Auto
wäre ich nicht so betrunken
würde ich ihn bitten
langsamer zu fahren
doch da ist mehr Alkohol
als Wasser in der Blutbahn

Und ich höre meine Oma sagen;
wer das morgen will erleben,
sollte nicht so derbe fahren
Aber was ist das morgen
gegen das Jetzt?
letzte Woche, gestern, bald
alles Illusion, oder nicht?
was bleibt ist nur das Jetzt
und das Jetzt
ist jetzt
schon wieder vorbei

- jetzt 2

Du sagst, du verstehst nicht, dass ich gehen muss.
Aber würdest du es verstehen, müsste ich nicht gehen.

ein tag so wichtig, dass man ihn nie vergisst
oft denke ich zurück und frage mich
was hätte passieren müssen, dass es jetzt anders ist?

ein tag so nichtig, dass man ihn schnell vergisst
oft denke ich zurück und frage mich,
was hättest du fühlen müssen, dass es jetzt anders ist?

Ich habe aufgehört zu fragen
frage mich nicht mehr
wann wir uns das nächste mal sehn
wie's dir gerade geht
und an welchem punkt du stehst
wo du bist, mit wem du chillst, wen du liebst

Ich habe gelernt.
gelernt, dass immer einer mehr liebt
du mir weniger erzähltest als ich dachte
ich dir nicht so wichtig war wie du mir

Ich bin dabei zu akzeptieren
zu akzeptieren, dass ich auch ohne worte
an dir vorbei gehen kann
dich nun nur aus der ferne anlächeln werde
nur mit mimik, nicht mehr mit dem herzen.

du wolltest mit mir gemeinsam alt werden,
doch ich suchte jemanden, der mit mir jung bleibt

Alles immer lauter drehen
weiter düstre Schlagzeilen lesen
mehr schlechte Nachrichten sehen
irgendwann sich selbst anflehen
immer und immer schneller gehen

Die Welt brennt, Zeit rennt
Menschen wollen sich wärmen am Feuer
doch handeln wir nicht jetzt
so wird es für die Menschheit teuer

Die Schere biegt sich, kriegt dich
lieber Geld schimmeln lassen
als es zu teilen mit den Armen
lieber eine Welt in Klassen

Die Menschheit im Krieg, ohne Sieg
alle wollen den großen Frieden
doch Waffen als Spielzeug
während Toleranzen weiter schwinden

Alles immer lauter drehen
weiter düstre Schlagzeilen lesen
mehr schlechte Nachrichten sehen
irgendwann sich selbst anflehen
immer und immer schneller gehen

das gleiche feuer,
in dem die einen schreiend schmoren
ist das feuer,
welches die anderen wohltuend wärmt

Ich weiß, ich habe alles

Ich schlafe in einem weichen Bett
das unter einem festen Dach
Ich träume mich hinauf gen Himmel
nur um zu sinken, dann herab
Wann immer mein Bauch ist leer
kann ich Essen bis er voll
Obst, Gemüse, Brot –
und mehr Zucker als ich soll

Auch zur Schule kann ich gehen
Ich habe einen sicheren Platz
Doch meine Fehltage zu begründen
brauchte nicht nur einen Satz
Freunde, ja auch da hab´ ich paar
und sie sind immer für mich da
So fern bin ich Ihnen
doch sie glauben ich wäre ganz nah

Mit Ihnen kann ich reden
eigentlich zu jeder Zeit
Doch ich kann nicht reden
schaffe es zu keiner Zeit
Die Lippen wurden mir versiegelt
die Stimme ist verstummt
Doch blieben die Gedanken laut
dann ging auch die Vernunft

Ich weiß ich habe alles!
Doch ich will gehen.

Erwache nicht mehr durch die Sonne
Sondern seh' ihr beim erwachen zu
Mal will ich weinen – keine Träne kommt
Möchte ich lächeln – doch dann prompt
Eine nach der anderen, die Tränen fließen,
Das Salz läuft an mir hinab, brennend, schießend
Will wieder mal zur Klinge greifen
Ich wünscht' so sehr man würd' mich kneifen
Blicke zu dem kalten Silber
merk wie die Gedanken schweifen
Wann würden sie mich finden
meinen blassen Körper schleifen?

Doch ich darf nicht denken was ich denke
Und ich darf nicht fühlen was ich fühle
Denn ich habe alles, und wer alles hat
hat keinen Grund zu gehen
Doch sag mir, wenn wer alles hat
was kann er noch erreichen
was ist der Grund zum Bleiben?

Ich sitze im Zug, erinnere mich
wie es war, als du mit mir schliefst
Der Gedanke widert mich an

Ich wünschte so sehr
ich könnte vergessen
wie du rochst,
dich anfühltest,
aussahst.

Doch dein Gift haftet wie Klebstoff
Das Schweigen am nächsten Morgen
Ich ignorierte, du vergisst

Du wusstest,
es war nicht okay
Du kamst
und ich ging.

romantisiere Gift,
nur weil es dich
mir aus dem Schädel ätzt.
Es nimmt mir die Gefühle,
die Erinnerungen, Einsamkeit.
Und ich glaube irgendwann,
da nimmt es auch mich

    - Substanzmissbrauch

karussell
aus scham
einsamkeit
und trauer

werde ich
jemals
aussteigen

dürfen

wollen

können

lichter an,
kalter plattenboden unter mir, ich sitze im bad
halte die klinge noch zitternd in der hand

rotes eisen läuft den oberschenkel hinab
und salzwasser mir die wangen entlang
er liegt einen raum weiter

in meinem warmen bett
scrollt durch social media
doch ich weiß, er kriegt es alles mit

blutend und in seelisch' schmerz
komme ich ins schlafzimmer zurück
er sagt kein wort, doch schläft dann mit mir
klaffende wunden an meinem bein
halten ihn nicht länger auf,
lichter aus

- plattenboden

gestrickt,
geflochten,

mit Perlen
durchstochen.

geknotet,
genäht,

mit Anhängseln
versehn.

Zitate,
Farben,

am Arme,
tragen.

wertvoller
Schmuck

Narben
haben.

- *Armschmuck*

ich hätte niemals geboren werden wollen
könnte ich zurück reisen
um meine geburt ungeschehen zu machen
so würde ich es nicht tun
denn es würde mich
schon längst nicht mehr geben

Wer den Tod wählt
entscheidet sich gegen das Leben

Ich hatte mich dazu entschlossen zu sterben
und mit diesem einen Mal, mit dem Entschluss
fühlte ich mich frei
und war glücklich
Als ob die Leere ihr Ziel erreicht hatte
und mir einen letzten Augenblick
das Licht des Lebens ließ
Zu deutlich war ihr Sieg über mich
als dass sie jetzt noch fürchten musste
mich an die Farben des Lebens zu verlieren

Wer den Tod wählt
entscheidet sich nicht gegen das Leben
wer den Tod wählt
entscheidet sich gegen das leblose Leben

wieder aufstehen, müsse man, wird immer gesagt
doch der boden ist der einzige ort
von welchem aus man nicht tiefer fallen kann

rieche ich sein parfum wird mir schlecht
flashbacks halten meinen körper fest
eine weitere panikattacke bahnt sich an

nutzt ein andrer seinen duft
halte ich den atem an und ringe um Luft
verzeihen, was du mir angetan hast
kann ich nicht
verarbeiten muss ich es
dass es mich nicht weiter bricht

- parfum

Ich denke an Tabak, und muss husten
Ich denke an Kaffee, und muss pinkeln
Ich denke an Alkohol, und muss würgen
Ich denke an dich, und da ist nichts

keine rote rose
eine weiße nahmst du
drücktest die dornen
in ihre hand
bis sie rot weinte
da hatte sie
die rote Rose
die sie so sehr wollte
rein, ihr eigen blut

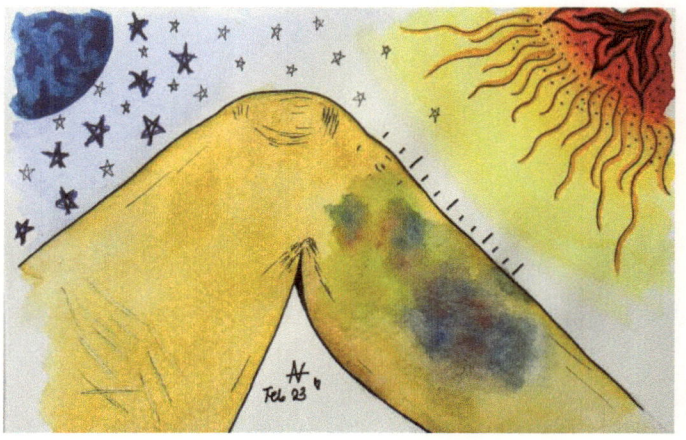

mir gefällt nicht
wie du mich berührst.
deine hände irren auf mir umher
wie ein besucher in fremdem haus.

- fremdes haus

frische wunden
doch alte schmerzen
impulsive aggression
doch andauernde leere

schau mich nicht so an
wenn ich mich wieder selbst verletze
ich war ohnehin am bluten
lange bevor du irgendetwas sahst

ein lächeln kann mehr schmerz verstecken
als es eine narbe je könnte

- zu roh für schöne poesie

wieso wirfst du mich weg
wie ein entwertetes busticket?
war ich denn bloß eine Einzelfahrt?
ich hatte auf dein abo gehofft
aber mein schwesternunternehmen
war wohl preiswerter.

- du liebtest metaphern doch so sehr

Ich habe das Gefühl ich sitze auf einer Schaukel.
Und die Schaukel schwingt immer schneller
auf und ab und höher und tiefer und zurück.

Anfangs konnte ich noch sehen,
den Boden, den Himmel, die Bäume,
mir war bewusst, es geht hoch, es geht tief

Doch die Schaukel schwingt immer schneller,
ab und auf und tiefer und höher und zurück
Augenlichter verschwimmen, wie Aquarell,
mir wird schwindelig und schlecht
ganz euphorisch, viel zu viel zu laut

Und die Schaukel schwingt immer schneller,
tiefer und auf und höher und ab und zurück
Mein Körper will Initiative, Kontrollverlust,
Buchstaben verdheen sihc, Worte ohen snin

Und die Schaukel schwingt immer schneller,
höher und zurück und auf und tiefer und ab
Ich werde überschlagen, zu hoch, zu tief,
fallen, fliegen, an Eisen krallen, fliehen

Und die Schaukel schwingt immer schneller,
zurück und ab und tiefer und höher und auf
Sie überschlägt sich, nein, sie steht still,
kopfüber, unten durch, regungslos, energisch
Schaukel immer schneller auf, zurück, ab und-

Irgendwann, während wir unser Duett spielten,
müssen sich unsere Finger wohl verknotet haben.
Ich schätze, ich werde dich jetzt wohl für eine lange Weile
an meiner Seite wissen, wenn ich wieder sanft die Tasten drücke.

habe zwar aufgehört, briefe an dich zu schreiben
doch durch meine poesie atmest du weiter.
solange du den weg auf mein papier findest
findest du ihn wohl nicht aus meinen gedanken heraus.
beschränkt, von jetzt an nur noch gedichte über dich zu schreiben
fühle ich mich nicht mehr ignoriert
wenn du wieder mal nicht antwortest, auf meine zeilen.

- An dich

viel raum,
fast wie ein gedicht.

wenig volle worte,
auf leerem papier.

viel helle wand
mit dunklen gedanken bemalt.

leidenschaft und leiden,
versteckt in immer gleichen symbolen.

ich brauche viel raum,
ich bin fast wie ein gedicht.

Ich wollte dir zeigen, was für ein schlechter Mensch ich bin.
wollte, dass du es schnell merkst und gehst, bevor
du mich liebgewonnen hast und ich dich enttäusche.
Doch nach allem, was ich dir antat,
sahst du mich noch immer mit Liebe an.
und plötzlich war ich selbst diejenige,
die ich hatte enttäuscht

als ich in tausend teile zerbrach
verlor ich wohl ein paar stücke

vielleicht ziehe ich kaputte menschen an
weil ich glaube passende ersatzteile zu finden

der schmerz wird nicht gehen
wenn du nicht aufhörst
leuten zu versuchen zu zeigen
wie sehr du denn leidest

leute die nicht verstehen
wie es dir ergeht
wenn du schreist, weinst
werden es auch dann
mit metall am lebensfluss
nicht sehen

- *"radikale akzeptanz"*

ich vermisse dich sogar,
wenn du bei mir bist.
vielleicht dann noch mehr,
als wenn du fort bist.

- ein früheres du

ich warte
auf eine nachricht
eine entschuldigung
einen text
worte
die du weder sprichst
noch dir nur denkst

von gesprächen
übertöntes schweigen
von lautem lachen
verdrängtes fühlen
bis ich einsam bin
und ich warte

eiserne arme halten mich fest
seine lippen drängend auf meine gepresst
die zunge in meinem mund ist nicht mir
seine hände greifen meine gelenke, gier
weiche zurück, doch er hält mich gepackt
vergesse zu schreien, von angst erfasst
er hält meine hüfte an sich gezogen
eine seiner hände wandert nach oben

alles geschah auf offener straße
inmitten einer großen stadt,
meiner liebsten stadt,
am hellichten tag
auf einem großen platz
niemand sagte was
dachten alle es wäre spaß?

ich rannte davon
lief eine stunde durchs land
fühlte keine zeit, oder irgendwas
in mir herrschte leere
es war still, einsam, kalt
zitternd irrte ich umher
konnte nicht weinen oder sprechen
was ich sonst noch tat, vergessen

irgendwann zuhause, im spiegel
seltsam distanziert von mir
wer ist der fremde körper hier?
putzte zähne bis das fleisch brannte
versuchte abzuwaschen die schande

mir war schlecht, ich fühlte scham
konnte eine ganze woche kaum was sagen
vermied fortan meine liebste stadt
schweißausbrüche wenn ich nur dran dacht'

- ich war 17

50

nehmt mich nicht für voll
wenn aus mir
die leere spricht
und der tod
versucht zu nehmen mich.

alkohol, zu viel der pillen
ich kann mich nicht entsinnen
mein körper fühlt sich seltsam an
ihm ist widerfahren, an was
ich mich nicht erinnern kann

mit nur zwei stunden schlaf
auf dem weg zur arbeit, brav
kurz vor dem ziel
steigt die panikattacke zu
kommt zu mir, setzt sich dazu

zitternd aussteigen
zum frauenarzt torkeln
war es wenigstens geschützt
frage ich und mir wird gesagt;
sie hatten glück!

ich würde dir gern weh tun
dich entsetzen und verletzen
es fehlt mir die nötige größe
drüber zu stehen, zu vergessen
viel lieber würde ich es rächen
was du zerbrachst und mir antatst

- für dich war alles in ordnung

Als ich klein war, war ich zu viel.
Heute bin ich zu wenig.

- kind

Es war meine Seifenblase.
Mein Rückzugsort.
Unberührt von Allen
die mein Gesicht kannten

Es war eine Stadt für sich.
Zum Schutz erbaut.
Die Zeit verging langsam
ich war wie untergetaucht

Es war eine Zone außerhalb.
Ohne geltende Gesetze.
Wohl aber mit eigenen Regeln
Ich fühlte mich dort frei

Es war ein Safespace für mich.
Doch dann kamst du hin.
Ich wünschte so sehr du wüsstest
so etwas teilt man nicht

Die rechte Hand mag nicht,
was die Linke begeistert erschafft
Das eine Auge sieht ganz viele Farben,
doch das andere nur triefend Schwarz
Einen Tag da liebe ich mich als Mensch,
den Tag darauf zerstöre ich mich selbst
Mal bin ich mit Lebensenergie überfüllt,
gleich darauf zieht mich Leere an Grund
Entscheidungen trifft die Zeit für mich,
Verantwortung übernehmen kann ich nicht

- Hin und her

wir sitzen dort oben
weit über der welt
betrachten den boden
der uns aufhält
rauchst zigaretten
sehe dir dabei zu
kurz sind wir frei
vielleicht hält uns
der himmel ja bei
doch die schwerkraft
zieht nach unten
kein weg führt
an der hölle vorbei
wie könnten wir also
jemals gut sein

- kurz war alles gut

weiß-gelbe wände
es ist still auf station
nur ein wasserkocher brodelt
und eine uhr gibt von sich ton
jeder hier ist einsam
darum sitzen wir gemeinsam
spielen kartenspiele am tisch

und lachen über kleinen witz
niemand sieht wen komisch an
jeder nimmt hier jeden an
sicherheit hinter schweren türen
wissen was man wann wo tut
vielleicht wird am ende alles gut.

HASS UND LIEBE

vielleicht sind wir
nicht dafür gemacht
eine familie zu gründen
vielleicht aber dafür
dieses kapitel
gemeinsam zu schreiben

du bist Künstler.

denn du kamst in mein Leben
und zogst ab die grauen Tapeten

du hast meine nackte Wand gesehen
und angefangen sie neu zu bekleben

du nahmst die sanftesten Pinsel die da
und maltest vorsichtig, bis ich wieder Farben sah

du bist eigentlich kein Freund von bunt
doch für mich machtest du den Farbkreis rund

meine Augen wurden wieder blau
weil ich liebte, wie du mich anschaust

meine Haare wuchsen wieder blond
denn an deiner Seite war ich vom Leben gesonnt

mein Herz strahlte wieder in rot
denn bei dir blieb es von Schmerz verschont

- du bist künstler

du hast mein Herz gefunden
in Scherben zerbrochen
und von Schnee bedeckt

es kann nicht repariert
mit Klebstoff und Bändern
doch du wolltest es nicht kleben,
du wusstest, dass es zwecklos wär

drum nahmst du alle Scherben sanft
formtest sie erneut zu jenem Herz
und hieltest diese Form
mit deinen Händen fest umschlossen

und der Schnee schmolz dahin
und auch wenn mein Herz gebrochen
so sind deine Hände immer da
und es schlägt, hält zusammen
und mich wieder warm

- mit deinen händen fest umschlossen

ich mag den schmerz
den du mir bringst
denn er zeigt mir
wie irrsinnig innig
ich dich liebe.

Könnte ich Klavier spielen
ich würde für dich spielen
bis mir die Finger bluten
und darüber hinaus.
Würde für dich spielen
bis das Fleisch abgeschürft
und das Weiß meiner Knochen
sich mischt mit dem der Tasten.
Würde für dich spielen
bis die Melodie
mit meinem Körper verwächst

Dein Lächeln legt sich mir um die Kehle
ein wärmender Schal, in bedrohlicher Position
und ich würde alles für dich aufgeben
meine Identität zerfließt unter der deinen
Ich schenke dir meine Sinne,
meine Stimme und mein Leben
bis ich nichts mehr hab' als Erinnerungen,
werd ich dir alles geben
winde mich, unter der Macht dieses Gefühls
habe Schmerzen, leide, ich will es dir doch so gern zeigen
es ist ein Drang, flattert unaufhaltsam in mir umher
wie ein kleines Schiff auf stürmigem Meer

- lieben

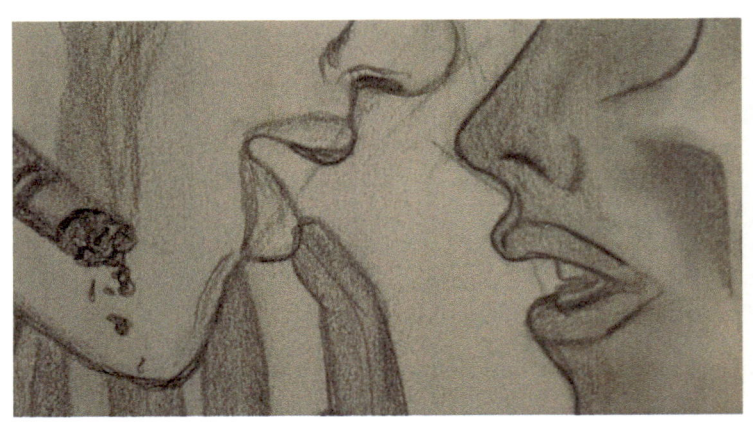

deine fingerspitzen streichen über meine seite
bin ein teures buch in deinen händen
dein blick streift mein handgelenk
meine finger in deinen als erste zeile
wieder schüchtern schaue ich dich an
sehe dein lächeln und mir wird warm
ich lege meinen kopf neben deinen
vergreife mich in deinem Haar
deine locken fallen auf meine brust
als du dich beugst für einen kuss
ich schließe die augen
lasse meinen tastsinn blind erkunden
genieße jede deiner berührungen
und deinen herzschlag neben meinem
ich mag es, wie ich unter dir liegen kann
ohne Angst und bangen, in deinem sanften bann
dein geruch in meiner nase
deine liebe so stark, doch fasst mich an wie glase
immer wieder fängst du meinen blick
willst sehen ob es mir gut geht
bei dir empfinde ich keine scham
denn ich spüre deine zuneigung mich vereinnahmn
du machst vergangenen schmerz süß
und schlechte erinnerungen trüb
mit dir möchte ich für immer tanzen
mit deiner möchte ich meine seele verpflanzen

- sex

Ich sah eine Zukunft mit dir,
noch bevor wir die Gegenwart hatten.
Es fühlte sich an, als hätte mein Inners
all die Zeit nur auf dich gewartet
kannte dich, noch bevor ich dich kannte
mein Herz spürte Erinnerungen
die noch nicht geschaffen
sah Bilder
die noch nicht entstanden
und hörte Musik
die noch nicht geschrieben
Du berührtest in mir,
von was ich nicht wusste, dass es da ist
hörtest meine ungesproch'nen Worte
und sahst das Puzzle, anstelle der Teile
hörtest mich Melodien denken
für die meine Stimme zu schüchtern
meine Palette aus Grau war für dich bunt
und du hast kommuniziert
ohne ein Wort zu sprechen.
Doch ich sah eine Zukunft mit dir,
noch bevor wir die Gegenwart hatten.

als ich sagte
ich würde für dich töten
da habe ich nicht gelogen

ich habe für dich getötet

ich habe mich für dich getötet.

ich fürchte ihn
und ich bewundere ihn
hin und wieder
da habe ich angst um ihn
doch dann wieder
angst um mich selbst

was er mir gibt
gab mir niemand zuvor
und das was er mir nimmt
nahm mir niemand zuvor

ich sehe sein schaffen,
seine kunst, sein bildnis
was er entstehen lässt
will ich sehen, alles
möchte ihn mein wissen
ohne ihn zu besitzen
und doch besitz
von ihm ergreifen
mit ihm verschmelzen
ein schaffen, seine augen
seine gedanken teilen

eifersucht packt mich
wenn er wen anders erwähnt
ich bin genug für ihn
ich will seine inspiration
sein verderben, seinen hass,
seine kunst und sein leid,
seine religion, sein Sein

- sein Sein

Ich halte an dem Schmerz
den du mir bringst fest
Denn ich habe Angst
dass dieser Schmerz alles ist
was mich noch an dich bindet

das grün
die nackte haut empfangend
umgibt das leise plätschern
des glänzend klaren wassers

so sanft
wie es fließt, sich spinnt
schmutz aus wunden nimmt
nicht haftend doch heilend

reinheit
jeglichem dunkel ausweichend
sich selbst wieder klärend
die glasne farbe verpassend

deine liebe
aufrichtig und ehrlich
wie ein fließender bach
doch leider nicht mir

nicht ich
die du tränkst
doch bin ich die, die
in dir ertrinkt, versinkt

Versteh mich nicht falsch; es freut mich, dass es dir gut geht.
Es macht mich nur traurig zu wissen,
dass es mich dazu nicht mehr braucht.

- du fehlst mir

Du solltest mich lieben

nicht so, wie du deinen besten Freund liebst
und auch nicht so, wie du deine erste Freundin geliebt hast
auch nicht die Art Liebe, die deine Zukünftige erhalten wird

Du musst mich lieben

lieb mich so fest, dass die Grenzen zwischen uns verfließen
lieb mich stärker als die Schwerkraft mich hält
lieb mich mit der Leichtigkeit des Raums

Du wirst mich lieben

du wirst erkennen, dass ich alles bin, in Tiefe und Höhe
dein Lachen, deine Tränen, dein Elixier, Atem, Begehren,
Schmerz, Träume, Tanzen, Schweigen, Philosophieren, Fliegen

Ja, Du solltest mich lieben

In meinem Kopf
lebt eine Version von dir
von der ich wünschte
sie nie geschaffen zu haben
denn jetzt

tanze ich mit einem Geist
lache mit einer Illusion
und umarme Rauch

ich will dich
immer noch
jeden tag fragen
wie es dir geht
möchte dir
guten morgen
gute nacht sagen
doch ich lasse es
du fragst
ja auch
nicht mehr

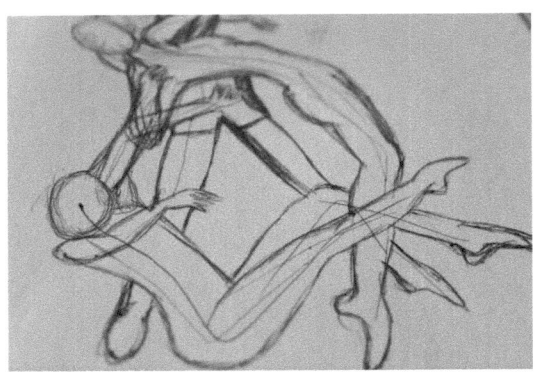

Erinnere mich, als du deine Hand sachte,
an meinen Hinterkopf legtest
Erinnere mich, an den Moment,
als ich neben dir auf dem Bett lag
die Füße an der Wand, lachend, Pina Colada hörend

Ich erinnere mich an den Moment, wo du mir sagtest
wir müssten so viele Filme zusammen schauen
und ich erinnere mich daran
wie du mir Café ans Bett brachtest
überall auf mich wartetest und mir alles erzähltest

Ich wünschte, ich würde mich nicht erinnern
an all die Kleinigkeiten, dünnen Fäden zwischen uns
denn ich erinnere mich alleine
du weißt das alles nicht mehr
und es tut so weh
gemeinsame Erinnerungen
alleine zu erinnern

Eine neue Jahreszeit wird eingeläutet
und ich melde mich wieder bei dir.
Ich möchte, dass du mich
im Hinterkopf behältst.
Nicht weil ich denke
dass aus uns doch noch was wird
oder so die alte Freundschaft auflebt.

Ich schreibe dir, weil ich will
dass du weißt, dass du bei mir
immer einen sicheren Platz hast.
Wenn du Hilfe brauchst
bist du niemals alleine
nicht, solange ich lebe.

Wir verlaufen
unser Künstler hat zu viel Wasser
in die Farbe gemischt.
Jetzt wellt das Papier
und ich kann dich nicht mehr sehen.
Die Pinsel sind ausgetrocknet,
kann dir nicht mehr schreiben.
Vielleicht hat unser Künstler
die Leidenschaft verloren
und so verblasst das Bild.

schüchtern, vertraut, leise, respektvoll
klang deine stimme in meiner brust
ich erinnere mich noch ganz genau
sehe den raum, die tür, den tisch
die zitronen darauf und
das lächeln in deinem gesicht

dein geruch hat sich in mir verankert
vor der tür duftet jemand ähnlich
drehe ich mich im zirkel, suche dich
doch bist du nicht bei mir, dennoch hier
immerzu fragst du mich in erinnerung
diese eine frage, doch ich war stumm
bereue ich es jetzt, aber die zeit ist um

ist es wirklich so geschehen
frage ich mich, immer wieder
schiebe die synästhetischen bilder fort
es fühlt sich an wie ein fiebertraum
an einem surrealen ort
verfluche allen voran mich
und dann schließlich dich

Mein Blut,
deine Farbe
Meine Tränen,
dein Wasser
Mein Körper,
deine Leinwand
Ich dachte,
du liebst mich,
Maler

brutal, leer, instabil, banal, widerlich
so warst du als ich dich kennenlernte
augenringe so rot wie ein später sonnenuntergang
und so tief wie der abgrund
deine haare schwarz wie die nacht
geschwungene locken, von feinen pinseln gemalt
dein blick aus gestein, dahinter glas
alle hast du gehasst, jeder war dir einer zu viel
mit mir hast du gesprochen, bis lang in die nacht

dir geht es jetzt besser
ich bin nicht mehr die einzige
mit der du sprichst
doch so sehr ich mich für dich freue
und das tue ich wirklich
manchmal trifft mich der schmerz der erinnerung
wäre ich doch gern noch einmal die person
die sich in deinen augen spiegelt

wenn du zurückkommen solltest
wirst es nicht mehr *du* sein

ja, wenn du zurück kommen solltest
wirst du nicht mehr *mich* treffen

All die Fragen
die ich dir stellen wollte
doch nie schrieb.
Denn es folgte
auf die Ersten die ich stellte
Ja schon kein Antwortbrief.

Vermisst du mich manchmal auch?
interessiert es dich wirklich nicht,
wie es mir inzwischen geht?
Bin ich eine schlechte Person
oder eine Gute die Schlechtes tut?
Möchtest du mich je wieder sehen
und wenn ja, ernsthaftig, oder bloß
um mich wieder lassen zu gehen?
Denkst du manchmal an mich
und schmerzt es dich auch,
wenigstens ein kleines bisschen, nicht?

Treffe ich mich mit Freunden,
schaue ich auf die Uhr
um zu sehen,
wann ich wieder allein bin.

Treffe ich mich mit dir,
schaue ich auf die Uhr
um zu sehen,
wann wir uns endlich wieder sehen.

Und du glaubst nicht,
dass du mir wichtig bist?

dich mir wichtig werden zu lassen
war das schlimmste,
das ich meinem herzen antun konnte.
aber ich will mir gar nicht vorstellen
was ich alles verpasst hätte,
ohne dich

Du fühlst dich an
wie Porzellan,
das auf Zähnen schleift.

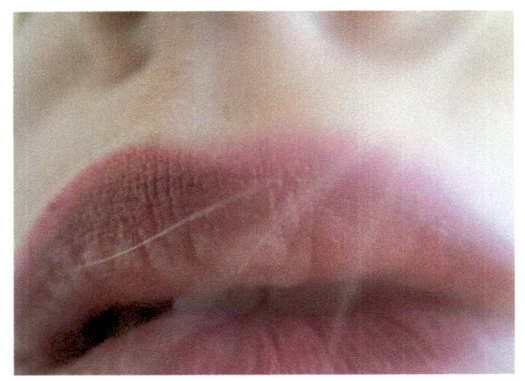

Du lebst noch immer in meinem Herzen,
aber Miete erhalte ich keine mehr.

- Hausbesetzung

während du die namen
all dieser mädchen vergisst
erinnere ich mich an jede
sehe sie tanzen im licht

puzzelte mit ihnen wie im spiel
dachte ich müsste es zusammen kriegen
in deinem spiegel lächelte mich eine an
in deinem bett traf ich die nächste dann
hörte in der küche reden nummer drei
aus deinem handy sprach eine weitere frei
mochtest du braunes haar lieber
so hasste ich mein blond
störte dich mein körper
verdeckte ich ihn gekonnt
sagtest mir du liebst nur mich
doch mit jedem weiteren mädchen das kam
verlor ich stück für stück mein ich
kein tag verging
an dem ich mich nicht verglich
noch heute denke ich an sie alle
während du mehr und mehr vergisst

- dich habe ich verlassen,
doch sie verlassen nicht mich

Ob ich
für dich
fühle
?

Mir läuft Wasser im Mund zusammen
meine Zunge, meine Lippen sehnen sich
nach deinem roten Eisen
deinem Blut
meinem schönsten Lippenstift.

In meiner Brust pocht es wild
mein Herz giert es
Mit ärmlichem leid
nach deinem nackten Schmerz
mir wird so warm, wenn ich an dich denke
Flammen zum großen Feuer werdend
ein glühendes Meer
brennt dich nieder
ertrinkt dich im rot.

- Darf ich dich hassen?

Verzeih mir, dass ich mit dir zusammen war
als ich dich schon längst nicht mehr liebte.
Gehen lassen, hätte ich dich müssen
doch ich behielt dich auf der Hand
wie eine Karte die mir noch von Nutzen

Es war nie meine Absicht, mich zu rächen
aber ich gebe zu, es genossen zu haben.
So lange, war ich für dich nichts als eine Option
da war es ein willkommener Anblick
dich auf der Hand zu halten

sonne und mond ergänzen sich
und das ist der grund
weshalb sie funktionieren
und sich doch niemals
ineinander verlieren

verzeih mir
wenn du das hier liest
verzeih mir
dass ich dir nie wieder schrieb
verzeih mir
dass ich nahm was ich zuvor gab
verzeih mir
das chaos mit dem ich kam
verzeih mir
das drama das ich ließ da
verzeih mir
wenn du das hier liest
verzeih mir
wenn du mich noch immer liebst

- verzeih mir

Himmelsspiel

Es war die schneidende Kälte, die von ihm ausging und von der sie immer wieder in den Bann gezogen worden war, die ihr nun das Herz langsam erwärmte. Flammen, die sich langsam über ihren Körper ausbreiteten, sich ihre Wege über die zarte Haut ihres Körpers suchten. Sie legten sich bedrohlich und zugleich mit der Sanftheit einer Schneeflocke um ihren Hals. Das Feuer schlängelte sich über ihren Rücken, ihre Brüste und ihre Seiten hinab, immer tiefer. Doch so gefesselt ihr Körper von der Lebendigkeit der Wärme auch war, so brodelte schmelzend heiß ihr Herz hinter der Brust.

Hör nicht auf. Das hatte sie ihm in sein Ohr gehaucht, als sie spielten in den Weiten des Kosmos. Geh nicht weg. Das hatte sie geflüstert, als er sich von ihr abwendete. Ihre Stimme hatte gezittert, als würden kleine Eiskristalle ihre Stimmbänder einritzen. Wieso tat er ihr das an? So oft hatte sie sich diese Frage gestellt, obgleich sie die Antwort kannte. Immer wieder musste sie sich erheben, mit all ihrer Kraft und Leidenschaft. Aufgehen, leuchten, brennen. Dazu war sie bestimmt. Sie war treu, und so hielt sie sich an ihre Bestimmung. Sie war das Licht. Mit ihr erwachte alles zum Leben. Sie war das Leben. Doch zu viel von ihr, bedeutete den Tod. Langsam drückte sich dann die dichte Hitze die von ihr ausging in die Körper der verlorenen Seelen. Zwang sie in die Knie. Machte ihre Lippen unküssbar und rau. Nahm ihnen jegliche Feuchtigkeit, nicht mal Tränen konnten ihre Augen dann noch fließen lassen. Auch ihre Stimme nahm sie ihnen, die Zunge pelzig und schmerzend. Presste das Leben aus Ihnen heraus, bis nichts mehr übrig war.

Immer musste sie strahlen. Hell und vollkommen, so sollte sie sein. Waren die einen mit ihr fertig, so warteten die anderen auf ihre Wärme. Wärme... Wärme? Hitze würden sie bekommen. Zumindest die einen. So ging es. Zeitalter für Zeitalter. Immerzu sah sie ihn. Sie wusste, dass es für sie und ihn nie ein „letztes Mal" geben würde, denn sie beide hatten einen festen Platz. Und diesen konnten sie unter keinen Umständen verlassen. Sie durften sich ansehen, doch ihre Laufbahnen waren so unterschiedlich - es gab kein Entkommen. Er hatte eine so zarte Ausstrahlung, manch einer wünscht sich sein Licht flüssig, sodass man es in ein Fläschchen füllen kann und immer bei sich hat. Silbern-glänzend. Er wurde bewundert in der Stille. Sie starrten ihn an, als wäre er magisch. Und das war er. Er konnte anziehend sein, nicht nur Blicke richteten sich nach ihm, selbst Ozeane folgten seinem Spiel.

Sie durften sich gegenseitig jede Frage stellen. Nur die Frage der Zeit war und blieb verschwiegen. Denn was ist schon unendlich?

Will dich um jeden Preis in meinem Leben behalten
fange an dich für das Wasser meiner Seele zu halten.
Du scheinst zu sprudeln, in brutaler Hitze zu glühn
mein Inners wird sich schonungslos an dir verbrühn.
Doch für einen Lichtblick, trink ich das Wasser kochend
denn ohne dich wäre es schlimmer, ich würd' verdorren.

Als du mir sagtest
du magst das Geräusch
von Glas das zerspringt
hätte ich ahnen müssen
was passiert.

- *Glassplitter*

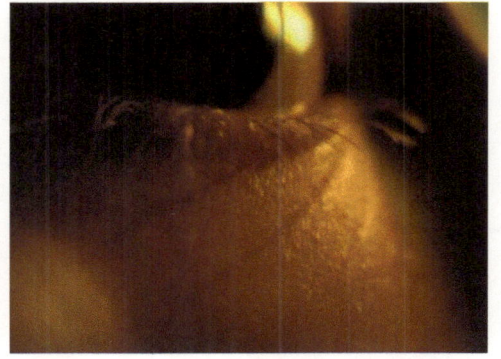

Der Teebeutel ist ausgeblutet
Das Wasser kalt und verfärbt
Der Zucker im Espresso versunken
Der Geruch ist längst verweht
Und wir schweigen
uns noch immer an
- zum nochmal drüber sprechen getroffen

REALITÄT UND TRAUM

Nichts was ist, ist wirklich
Es ist, weil es als etwas Seiendes befunden
Doch würdest du es nicht als dieses beurteilen
wäre es nicht mehr oder weniger als ich

Du, der das Gedicht gerade liest
kannst nicht wissen, ob es mich wirklich gibt
Wissen kannst du nur
dass es diese Zeilen gibt

Noch sind sie in deinem Gehirn
doch was wenn du dieses Buch zuschlägst
wirst du dann je wieder wissen
ob es dieses Gedicht auch wirklich gibt?

- sprache

Der Blick in den Spiegel,
gleich einer Einladung zum Hass.
Schriftzüge meiner Hand,
Geruch von Papier, verbrannt.
Kein Wort das ich schreibe
fühlt sich gut oder schön an
es ist keine Kunst
bloß vulgärer Frust.
Selbstmitleid dosiert verpackt.
Ein Schleifchen aus Zynismus,
für die armen Leser dran gepackt.

- Selbstmitleid und Zynismus

mir entfallen reale fakten
dafür aber erinnere ich mich
an manches, das nie geschah

nehme ich meine tabletten nicht
verfließen realität und traum in sich

immer geben sie mir etwas
das mich hier hält
was aber, wenn's mir drüben besser gefällt?

es ist doch nicht einmal klar
ob all das hier real
wieso dann beschließen
freie geister einzuschließen
?

die wahrheit schaut uns grinsend zu, schlürft tee
wahrheit, wahrheit, jeder beruft sich auf dich,
als wüssten sie nicht, dass du spiegelbild der lüge bist.
sie halten fest an dir, als gäbe es dich,
doch lügen sind nicht selten realer, als die wahrheit an sich.

ich könnte die frage, wie es ist unsichtbar zu sein, beantworten
doch niemand fragt mich, wie auch - ihr seht mich ja nicht.

- unsichtbar

was ich für dich fühle
und all diese erinnerungen
sind wovon ich zehre
und ich hoffe so sehr
dass sie mir nie ausgehen

Der Flur wächst unaufhaltsam
sprießt in die Länge davon
kribbelnde Beine balancieren
flüssige Ängste und
flauschige Gedanken

Die Tür entzieht sich
weicht zurück wie im Spiel
stützend die Wand greifen
alles dreht sich um
der Boden ist plötzlich oben

Das entfernte Rufen
bemüht hindurchzuführen
klammert sich an die Stimme
läuft ohne es zu merken
immerzu im Kreis

- drauf

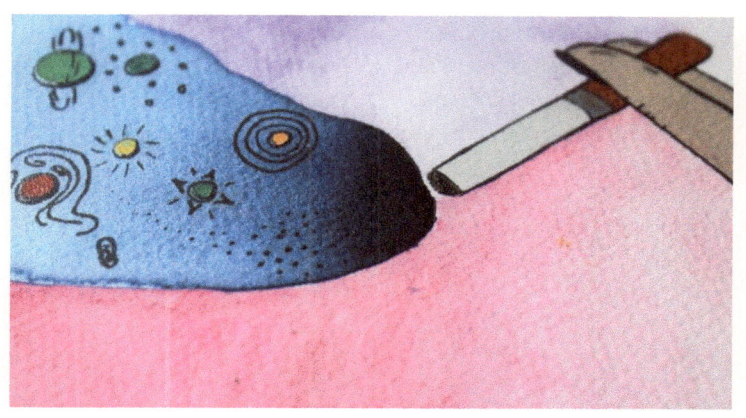

und vielleicht träume ich all das nur
und der himmel ist nicht real, wer weiß
vielleicht bin zuletzt ja auch
ich selbst nur jemandes Traum.

ihre stimme ist seltsam verzerrt
sie singt in zeitlupe gezogen
mein kopf in freiheit gesperrt
von der realität total betrogen

zeit existiert nur im morgen
eine route über gestern suchen
von schwerelosigkeit geborgen
die gedanken ohne denken loopen

die haut prickelnd betäubt
wer wasser auf der zunge hört
nah und fern verläuft
wenn realität träume zerstört

- realitätsverlust

so viele chancen, so viel talent
doch sitze ich hier, verletze mich selbst
ideen, pläne, träume, mein gerüst erbaut
ich bin immer kurz davor, doch geb' dann auf
wache auf in meinem eignen blut
es riecht nach gras, tabak, schmerz und wut

er liegt neben mir
auch er ist gelähmt vom rausch
er bewegt seine lippen
doch kein wort tritt heraus
wir wollten das feuer sehen
und standen dann in flammen

jeder gedanke ein flehen
bitte nicht einschlafen
mein herz, es würde aufhören zu beben
ich spüre wie es versucht zu retten
meinen körper, mein verbrechen

hören um uns herum nichts
fallen dauernd in den tunnel zurück
die pillen liegen neben uns
das erbrochene auf seinem shirt
alkohol fliegt durch die Luft
wir erliegen der schwere
unsere gedanken so leicht
vom massiven körper getrennt
zerfließen der welten

augenkontakt halten.
wenn wir ihn verlieren
wissen wir nicht
ob wir uns nochmal sehen

- überdosis

ich war es, die den tod zum tanzen aufforderte
jetzt aber, zögere ich das ende des liedes hinaus

morgen wird alles besser
hörte ich als kind
tag für tag
jahre
danach
gibt es kein
heute für mich aber
morgen wird alles besser

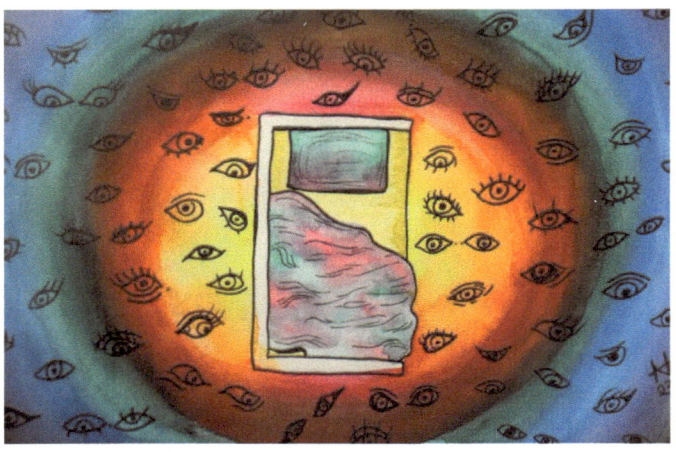

nicht einmal mehr angesehen hast du mich
liefst an mir vorbei, als wäre ich nichts
natürlich konntest du mich nicht sehen
ich blieb ja auch an der seite stehen
hätte dich rufen können, doch tat es nicht
ach was wünschte ich mir du beachtetest mich

- aneinander vorbei

sie reden prasselnd auf mich ein,
ich solle nicht so störrisch sein
die tabletten einfach weiter nehmen,
dann würde es mir auch besser gehen
kleine weiße teile die kontrollieren,
damit ich mich nicht wieder verliere
meinen irrgarten rücken sie zurecht,
alle gebüsche klein nicht artgerecht
keine blume wächst mehr in der hecke,
die farben bringen sie zur strecke
ohne tabletten stünde ich neben mir,
doch mit weiß ich nicht mehr
wer ich bin

- verschrieben

verstehe ja dass du nicht
für dich leben möchtest
aber könntest du nicht
versuchen für mich zu leben
fragte ich mein spiegelbild

Aufwachen in einer Parallele,
es geht mir endlich wieder gut
Vögel zwitschern dankbare Lieder
der Alltag ist wie frisch geölt
Du freust dich für mich,
Denn es geht mir ja so gut.

Ich eröffne eine Galerie am Meer,
Geld kommt immer wieder rein
Schule braucht es nicht, Talent
Du freust dich für mich, aber
Willst du nicht weiter…-
fragst du mich.

Bacardi Morgende, statt Unterricht
Medis und Kästchen braucht es nicht
durch Mainz, genieße helles Licht
Du freust dich für mich,
so dachte ich. Doch plötzlich,
gönnst du es mir auf einmal nicht.

Leben, nichts anderes als sterben

Das Gefühl ist da, bevor man es so richtig wahrnimmt. Es ist da, wenn man aus dem Fenster schaut und kein Gefühl dafür hat, wie das aktuelle Wetter sich auf der Haut wohl anfühlt. Es ist da, wenn man im Bus Leute beobachtet und ihre Gespräche seltsam fern klingen, weil die Stille im Kopf so laut ist. Das Gefühl ist da, wenn man Gespräche mit Bekannten führt und Ihnen nicht folgen kann, weil die Aufmerksamkeit wie in Watte gepackt ist. Es ist da, wenn man mit Freunden weg ist und dennoch nur in seinem eigenen Kopf ist, die Augen als Fenster in eine entfremdete Welt.

Eines Tages, da wacht man auf und das Wochenende ist nichts Besonderes mehr. Es unterscheidet sich nicht mehr von der Woche, eine endlose Schleife. Die Farben haben plötzlich keine Bedeutung mehr. Weder da draußen noch an einem selbst. Wieso sollte man essen, was vorher gekocht werden muss. Erst fragt man sich bloß, wieso man diese Zeit aufwenden sollte, wenn es doch Kekse und Tiefkühlpizza gibt. Später dann, wieso man überhaupt essen sollte. Wieso schreiben, wieso malen, wieso spazieren? Morgen wird wie heute sein, wenn es denn überhaupt jemals heute und morgen gab. Es ist, als würde jegliches Glück, jegliche Regung im Herzen, jegliche Wärme aus dem Alltag aufgesogen werden. Und erinnert man sich dann an die Vergangenheit, schmerzt es umso mehr - bis auch da nichts mehr ist. Der letzte Rest, der letzte Funken aufgebraucht. Lose Bilder im Kopf, wie auch lose Bilder vor dem Auge. Verstoßen von der Realität, dem Jetzt, dem Mensch-Sein. Nur noch einsam sein, auch unter Freunden, Familie, Leuten. Nur noch im Autopilot kommunizieren, Wille zu reden, aber Tabu auf der Zunge. Wieso leben, wenn leben nichts anderes als langsam sterben ist?

so wunderschöne flügel hast du,
hältst dich drunter warm
versteckst dich hinter ihnen.
flieg für mich, flieg.
doch deine gedanken wiegen schwer,
halten dich am Boden fest,
deine wunderschönen flügel
schaffen es nicht.

- aber wofür hast du sie?

Du hast Deine jacke bei mir vergessen.

ein schweres stück stoff
dessen geruch ich nie vergesse

niemand wusste, sie ist Dir
doch jeder wusste, sie ist nicht mir

diese jacke die Du bei mir vergaßt,
war das letzte von Dir,
dass ich wie eine umarmung empfand

Du nahmst mir alles.
Hast Besitz von mir ergriffen
meinem Körper
meinem freien Willen
meinem Herzen
meinen tiefsten Gedanken.

Ich verbannte dich.
Riss dich aus meinem Muster
wusch dich ab
erinnerte mich
schnitt dich heraus
vergaß dich.

Doch lebst du noch immer.
atmest durch meine Kunst
gehört selbst sie am Ende dir?

Nein.
Denn jedes Wort, das ich blute,
gehört allein mir.

Einmal da lag ich in meinem Bett
mitten auf einem gold-gelben Feld
was ich aber nicht wusste war
dass ich wahrlich war in meiner Welt
denn es regnete von unten herauf
doch kein Tropfen kam oben an,
so war doch alles real, bis dann…

Einmal ich die Augen öffnete und sah
dass ich in meinem Zimmer zu Hause war
kein Regen und auch nicht draußen im Feld
jetzt war ich mir sicher, hier war die reale Welt
aufgestanden und zum Schrank gegangen
ein Schokohase stand da, es war Osterzeit
doch als er dann plötzlich zu sprechen begann
bemerkte ich erst die Falschheit, doch dann…

Einmal wachte ich auf und lag in meinem Bett
draußen regnete es zwar, doch da war kein Feld
Ich war zuhause und erinnerte mich an eben
gewiss war mir, waren das zuvor nur Träume gewesen
Doch war es wirklich Gewiss? Konnte es nicht sein
dass hier der Traum und drüben die Realität ist?
Ich träumte, dass ich träumte
und erwachte als ich noch schlief
Doch drüben schlief ich nicht
also schlief ich wirklich oder erwachte ich?
Zu guter letzt;
träume ich vielleicht ja auch jetzt

> *- Ich träumte, dass ich träumte*
> *und erwachte, als ich noch schlief*

Ich schreibe so viel über das Surreale
womöglich vergesse ich irgendwann noch
was denn eigentlich die Realität ist

Oder aber, ich habe sie schon längst
aus den Augen verloren

dem Verstand entrannt
verlaufen, verworren, verkorken,
mir verbunden, mich wieder gefunden
und aufs Neue verschwunden

Wir führen ein gutes Gespräch zu zweit.
Jemand Drittes kommt hinzu.
3 - 2 - 1 -
Schon bin diese Dritte Person ich.

Eine Tür fällt ins Schloss,
begräbt den menschlichen Instinkt
das Innere dreht sich um
steigt durch die Gedärme nach oben
die Gedanken leer und schwer
sinken zum Grunde nach unten

Ich sitze auf einem Stuhl
Das Heft in dem ich schreibe
liegt vor mir auf dem Tisch
Es ist laut
Jugendliche schreien
nicht weniger gern als Babys
Bücher fliegen
werden in Ventilatoren geworfen
auch Scheren fliegen durch die Luft

Ich beobachte es zwar alles
doch hinschauen tue ich nicht
Denn vor mir ist ein Fenster
das bietet mir viel mehr an Sicht
Den Atlantik und den Himmel
das Universum und das Nichts
Sie sehen zwar die weite
doch die Weite sehen sie nicht

- klassenzimmer

Wir machen die Erfahrung
und die Erfahrung macht uns.

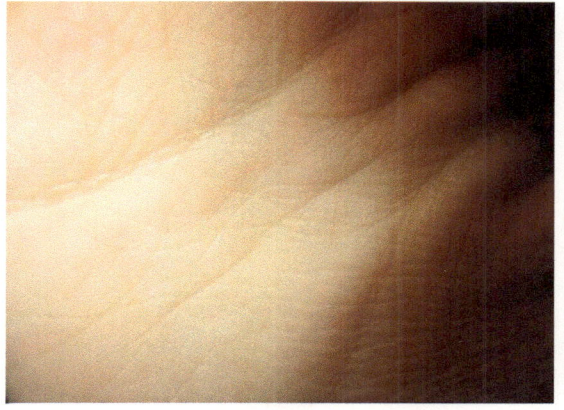

PHILOSOPHIE UND KUNST

Mit dem Wind tanzen

Der Wind tanzte um sie herum. Er kroch unter ihre Bluse und kitzelte sanft ihren Rücken. Es war ein letzter Versuch des Lebens, sie glücklich zu stimmen. Tief sog sie die kühle Abendluft durch ihre Lippen ein. Sie wollte spüren, wie sich ihre Lungen ein letztes Mal füllten. Fühlen, wie das Leben ihr einen tiefen, innigen Abschiedskuss gab. Frieden war es, was sie jetzt empfand. Deshalb hatte sie sich dazu entschieden, gemeinsam mit der Sonne in die Dunkelheit der Unendlichkeit einzutauchen. Lebendiges rot-orange brannte am Himmel. Mit dem dunkelsten rot-Ton, den die Farbpalette der Sonne zu bieten hatte, schnitt sie den Horizont. Weiter oben, wenn sie den Kopf in den Nacken legte, sah Resa das dunkle Blau und Lila, welches die Leinwand über der Erde für die nächsten Stunden bemalen würde. Leichtigkeit war es, die dieser Anblick des Himmels ausstrahlte. Morgen würde die Sonne mit gesammelter Energie erneut erwachen. Und sie würde scheinen. Immerzu brannte sie. Und kein Wasser der Welt würde dieses mächtige Feuer je löschen können. Auch Resa hatte ein Feuer in sich. Doch nun war es nicht mehr als die Flamme eines Streichholzes. Wenn die Sonne morgen aufgehen würde, hätte Resa dieses Leben bereits verlassen. Sie bewegte ihren Kopf wieder nach vorne und Ihr Blick ruhte auf dem Licht der untergehenden Sonne. Resa sah dieses Licht zum letzten Mal. Und jetzt, wo ihr dieser Gedanke aufkam, legten sich all ihre Ängste direkt hinter ihre Pupillen und ließen ihre Augen so schwer werden, dass sich Tränen des Schmerzes bildeten. Ihre Ängste versuchten zu fliehen, mit den Tränen davon zu fließen. Lange hatte sie sich gefragt, ob sie wohl weinen würde.

Sie konnte die Sterne sehen. Trotz der Stadt-Lichter. Atemberaubende Schönheit war das letzte, das sie sehen würde. Die Sterne leuchteten nur für sie, dessen war sie sich in diesem Moment sicher. Ihre nackten Füße traten auf dem Dach des

Wolkenkratzers nach vorne. Immer weiter schritt sie voran, in Richtung des Abgrundes. Dort unten war die Stadt. Mit Menschen, die ihr Leben lebten, oder es zumindest glaubten zu leben. Resa erinnerte sich an den Moment, als ihr bewusst wurde, dass es nichts ändern würde, wenn sie tot wäre. Entschieden sich Menschen zu etwas, hatte es immer Auswirkungen. Egal wie man sich entschied. Egal wie *sie sich* entschied. Entscheidungen waren wie das Wasser des Ozeans. Denn sie brachten Wellen mit sich. Wellen, die durch die Welt gingen, als wäre das Festland das eigentliche Meer dieses Planeten. Doch wo liefen diese Wellen aus? Sterne, die vielleicht schon längst erloschen und tot, leuchten für uns die Nacht hindurch. War das etwa die Grenze des Menschen? Die Zeit? Oder war es doch schon der physische Körper? Resa würde es in jenem Moment erfahren, in dem ihr Körper die Funktionen einstellte. Weshalb dachten Menschen darüber nach, die großen Rätsel *dieser einen* Wirklichkeit zu lösen, wenn es in der Realität, vielleicht die Rätsel einer völlig *anderen* Wirklichkeit waren? In diesem Augenblick wurde Resa bewusst, dass sie gerade genau das tat. Über die Rätsel eines anderen Ortes, möglicherweise fernab dieser Welt, oder aber direkt überlappend mit dieser hier, nachzudenken. *Am Ende, da ist es egal,* dachte sie noch. Ihre Augen auf den Horizont gerichtet, trat sie weiter auf das Ende des Gebäudes zu. Das Blutrot der Sonne ließ sich dort sinken. Und dann ließ auch Sie sich fallen.

Es war nicht wie in Filmen. Sie fiel nicht in Zeitlupe. Der Fall hatte ihr keine Zeit mitgebracht, die zum Nachdenken und Bereuen anregte. Nein, der Fall war einfach da. Und so schnell er da war, so schnell war er auch wieder verschwunden. Das Aufkommen war das einzige, das sie als Zeitlupe wahrnahm, jetzt wo ihr Körper auf dem Boden aufknallte. Ihre Knochen zertrümmerten, als seien sie eine feine Porzellan-Skulptur gewesen und ihre Organe wurden zerschmettert, als seien sie hauchzartes Glas. Doch davon hörte sie nichts. Überhaupt hörte sie nichts. Ihre Ohren waren taub und ihre Stimme war verstummt. Fast alle ihre Sinne hatten sich abgeschaltet, um einem Sinn Raum zu bieten. Denn sie sah. Resa sah viele Lichter. Lichter, die sich vermischten, zu völlig neuen Farben und anschließend wieder trennten. Ein ewiger Prozess des Zusammenwachsens und Aufteilens. So wie Zellen es taten, bei der Entwicklung eines Fötus - und so wie sie es ab diesem Punkt der Entwicklung an immer taten. Bis irgendwann, die Zeit gekommen und die Zellen gegangen waren. Resa sah noch immer dem Schauspiel der Farben zu. Es waren Farben, die sie nicht einmal zu benennen wusste. Resa wollte staunen, oder Angst haben - irgendetwas *fühlen,* das menschlich und ihr bekannt war! Sie wollte etwas haben, das sich überhaupt irgendwie *anfühlte.* Doch alles, was sie empfand, war völlig neu für sie. Da war eine Seelenruhe. Frieden. Leichtigkeit. Und verändertes Zeitempfinden. War die Zeit womöglich doch nicht die Grenze des Menschen? Oder war Zeit die Grenze des physischen Körpers? Dessen war sie sich noch nicht sicher. Doch dass der physische Körper nicht die Grenze des Menschen war, wusste sie jetzt sicher. Denn ihr Bewusstsein fiel weiter. Durch ihren menschlichen Körper hindurch und immer tiefer. Tiefer hinab und hinab. Aber fiel sie wirklich? Denn wo ist oben und wo ist unten ohne Schwerkraft? Dann sah sie nichts mehr. Resa hörte und sprach nicht. Sie fühlte keine Berührungen, keinen Schmerz. Auch schmeckte oder roch sie nichts. Ja sie dachte nicht einmal mehr. Und doch war sie vollkommen und da. Und der Wind tanzte um sie herum und sie tanzte mit ihm.

du bist so sanft
und faszinierend
wie eine feder
die streicht übern arm
doch leider fliegst du weg
wenn die leichteste brise weht

Hin und wieder denke ich
dass Melodien mein Sauerstoff sind
Farben und Kunst mein Wasser
und Worte in meinen Venen fließen

Ich atme Musik
ernähre mich von Kunst
erhalte mich mit Worten

Buchstaben durchströmen meinen Körper
fließen mir vom Herz durch die Pulsadern
A tanzt mit Z und klein j mit M
lasse ich sie nicht schnell nach draußen
sich finden und binden
zu Worten, Sätzen, Schätzen
so werde ich vor Übelkeit erbrechen

"Wir kennen uns nicht mal richtig?
Gerade mal ein paar Wochen?"

"Aber unsere Seelen kennen sich"

"Du glaubst an Seelenverwandtschaft?"

"Um an Seelenverwandtschaft zu glauben,
muss man zuerst an die Seele glauben.

Glaubst du an die Seele?"

"Hm. Glaubst denn du an die Seele?"

"Ich habe angefangen an sie zu glauben,
als ich mit dir das erste Mal sprach."

> *- der schönste Dialog den ich je führte*

Der zweite Tod
- das vergessen werden

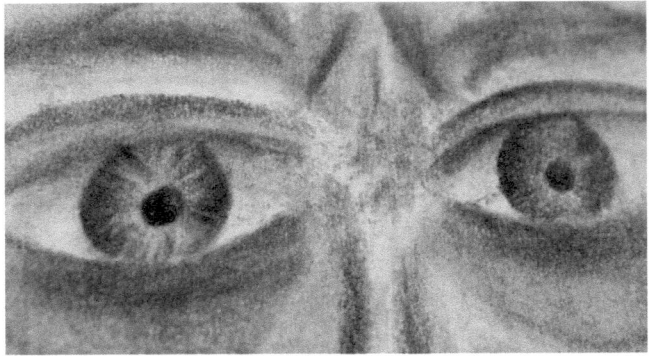

Mama will viel schreiben
durch ihre und andre Geschichten treiben
nicht in der kälte und nässe bleiben
aber tanzen im warmen sommerregen
drum muss sie weit, weit weg reisen

Mama will viel, ihr leben so leer, sie will mehr.

Mama will viel sing'n
jazz und funk und manchmal auch swing'n
beim singen aber auch beim lachen; ihre stimme soll klingen
keine triste stimmung und kein grau mehr seh'n
ihr lachen möchte sie nicht mehr länger erzwingen

Mama will viel, ihr Leben so leer, sie will mehr.

Mama will weit denken
ein leben so leicht wie wein – den kann man schwenken
sie möchte wieder und weiter, will lenken
fremde sprachen hören und länder seh'n
ihre wertvolle zeit, sie möchte sie nicht verschenken

Mama will viel, ihr Leben so leer, sie will mehr.

Mama will weit reisen
das leben drehen, es soll sich nicht mehr kreisen
ihre seele ist viel zu jung zum greisen
drum muss sie los und leben einatmen
von erlebnissen und erfahrungen muss sie speisen

Mama will viel, ihr leben so leer, Mama will Meer

manchmal wenn wir zuhören, driften wir ab
nehmen wörter auf, aber nicht wahr
dann fassen wir die bloßen worte
aber halten nicht das bild

"Man muss hören lernen.
Denn mancher hört,
doch versteht nicht."
sagte er zu mir und
ich verliebte mich.

- klassik

Ich glaube an Magie
An Fantasie-Wesen, die Unterwasser leben
An Geister, die man nur spürt, nicht sieht
An Hexen, mit Kräften der Natur
An andere Welten und Universen
An Schiffe, die durch Zeiten segeln können
An Menschen, die durch Welten wandern
Und an das Gefühl, das mir sagt, dass da mehr ist

"Es gibt keine Beweise dafür, dass es all das gibt"
- sagst du und glaubst mir nicht
"Dann beweise mir doch, dass es all das nicht gibt"
- sage ich und glaube dir nicht

wie will man etwas greifen
das nicht greifbar ist
etwas ohne masse, ohne materie
etwas das nur durch das Sein überhaupt Ist
ich schätze man kann es nicht greifen
so muss man wohl begreifen

Mit neun Jahren fragte ich "Mama, was ist eigentlich nichts?"
"Das, was du siehst, wann immer du die Augen schließt"

Ich nickte und schloss die Augen
sodass sich ihre Antwort mir erschließt
Das Schwarz war also nichts
so lange bis man bunte Punkte sieht

Mit 12 machte ich eine Umfrage in meiner Klasse
"Was siehst du, wenn du an Nichts denkst?", fragte ich
Schwarz oder Himmel, das sagte die deutliche Masse,
Doch manche dachten an leere Weingläser und belächelten mich

Jetzt mit sechzehn, sitze ich hier und weiß noch immer *Nichts*
Ich kann Artikel lesen und versuchen zu verstehen
Aber immer noch frage ich mich Was ist denn dieses "Nichts"?
Kann ich etwas über Nichts wissen, wenn Nichts doch nichts ist?
Und das Nichts gäbe es nicht, wenn es nicht Etwas gäbe. - nicht?

Was wäre, wenn Wissen hinter großen Wolken ist
die man Stück für Stück zum verziehen bringen muss

Was wäre, wenn es hinter dichtem Nebel ist
den man Stück für Stück durchdringen muss

Was wäre, wenn es von grauem Staub bedeckt ist
sodass man Stück für Stück erst frei legen muss

Was wäre, wenn all
die großen Wolken,
der dichte Nebel,
der graue Staub,
in unserem Gehirn ist,
und alles Wissen birgt?

> *- vielleicht geht es nicht ums Füllen,*
> *sondern ums freilegen*

Vor vielem kannst du dich gut verbergen
& verkriechen und verstecken, doch wo du auch bist
die Zeit wird weiter von dir zehren
denn zurück schaut diese Macht nicht
& deshalb läuft sie gleichmäßig weiter
vergangen und nah - sie erfüllt ihre Pflicht

Was wäre, könnten wir einen Sprung wagen
& statt der Zukunft, die Vergangenheit jagen
die Zeit wäre manipulierbar und gänzlich systemlos
vor und zurück, alles hätte keine Grenzen mehr
& was hätte noch Bedeutung oder wäre alles sinnleer
Zukunft und Vergangenheit wären nichts weiter als Mythos

Wenn ich springe nach 1600 bin ich dann noch immer sechzehn
& nur die Reise über gealtert, wie viel wäre das dann
oder aber wäre ich dann gar nicht mehr, oder werde nie
wohin anders, wenn nicht in die Zukunft, könnte man dann
& würde es nicht bedeuten das Zeit gar nicht ist?
bis wir es herausfinden zwingt sie uns jedenfalls in die knie

- was wäre, wenn Zeit nicht wäre

die sterne die wir sehen
sind vielleicht schon tot
dort oben sind sie erloschen
doch hier unten lang nicht lichterloh
je weiter wir nach draußen schauen
je weiter blicken wir auch zurück
wenn wir also ins all reisen
nach oben wandern bis zum mond
in einer geschwindigkeit
die schneller als schnell
zeit vergeht dann langsamer
und wir altern gemächlicher
fliegen wir ganz weit hinaus
immer flinker werdend
hören wir dann irgendwann auf
weiter zu altern bis es pausiert
könnte es nicht vielleicht sein
dass wir am Ende jünger werden
?

- Wanderung ins jüngere Sein

Eine Minute ist bloß ein Wort
denn die eine Minute kann länger
oder kürzer sein als die Vorige
Manche Minuten dauern Stunden
Und andere nur Sekunden

Hier ist Zeit anders als dort
aber wo es dem Menschen
möglich ist hinzugehen
da läuft sie immer fort
Aber wohin läuft sie fort
An welchen Ort?

Sie scheint mit uns zu gehen
denn auch wir wissen nicht wohin
Die Zeit ist ein Meer
das uns auf Wellen durchs Leben trägt
jeder Augenblick eine versinkende Insel
und jeder Sturm ein Sekundenspiel
Doch wir haben keine Zeit
wir haben nur das Jetzt
wer nach dem Jetzt greift
der berührt jedoch bloß
die Schwaden der Vergangenheit
während die Gedanken sich
in eine Zukunft flüchten

Also gibt es das jetzt
wenn jetzt jetzt doch schon wieder War ist?
- *jetzt 1*

Der Tod ist der Anfang
hörte ich einst
Doch wenn der Tod
erst der Anfang ist
Was ist dann das Leben?

Das Leben kann fies sein. Nicht immer lehrt es,
oder macht einen stärker.
Manchmal ist es einfach nur scheiße und tut weh.
Es schmerzt zu sehen, wie Leute leiden,
die es nicht verdienen.
Es frustriert, Leute alles haben zu sehen,
die es wiederum nicht verdienen.
Es heißt, das Leben richte jeden
und jeder würde am Ende bekommen, was ihm zusteht,
aber das stimmt nicht.
Es ist eine Lüge, die man sich selbst feierlich serviert,
um den Frust über Ungleichheit und Unfairness
hinunter gespült zu bekommen.
Nein, das Leben ist nicht fair, aber der Tod ist.

- ich hab dich doch so lieb.

Kreativität geht nicht Hand in Hand mit Realität
und doch ist's die Realität, die Vorlage ist
für Phantasie und das Schaffen von Absurdität

Doch Realität ist nichts weiter als eine Illusion
da ist kein Beweis, dass diese Realität real
Doch da ist der reale Mensch der Realität braucht
Und sofern es unsere Realität nicht bewiesen gibt
so braucht er doch zumindest den Glauben daran

Der Blinde sieht am meisten

Ein älterer Herr machte sich jeden Tag auf,
in den Park um die Ecke zu gehen.
Jeden Tag der Woche, jede Woche im Jahr
ging er dort hin um das Leben zu sehen.

Wie Blumen blühten und welkten,
Gestalten sich kleideten,
verriet ihm wie alt das Jahr.
Spazierte er über die Wiesen,
so waren die Bilder die er sah,
wie Erklärungen im Glossar.

Zwischen den Bäumen wanderten Gestalten,
hin und wieder besetzte eine von Ihnen seine Bank
Dann lief er eine weitere Runde umher,
sein Stock klopfte auf den Boden, dem sei Dank.

An einem Morgen dieser Tage
saß er abermals auf seiner Bank,
direkt vor einem schönen Teich.
Da kam ein kleiner Junge,
musterte ihn von allen Seiten skeptisch
und machte es ihm gleich.

Er setzte sich auf eben jene Bank
und starrte erwartungsvoll in den Teich,
da lächelte der Alte.
Der Junge hob den Blick und sah
zu seinem Sitznachbarn,
auf seiner Stirn kam fragend eine Falte.

„Du bist hier jeden Tag und schaust dir alles an,
aber sehen tust du nichts, du bist ja blind."
Da lachte der Alte leise auf
und antwortete mit ruhigen Worten
dem neugierigen Kind.

„Und du glaubst, als Blinder könnte ich nichts sehen?
Nicht die Blumen, nicht die Enten?"
„Natürlich nicht, Das bedeutet doch blind.
Aber wenn du nicht siehst,
wie kannst du all das kennen?"

„Mein Junge, Es gibt viele Arten zu sehen
und nur einer dieser Wege führt durchs Auge.
Man spricht auch nicht nur mit Worten,
ein mancher weiß zu kommunizieren durch Laute."

Jetzt schwieg der Junge einige Zeit,
versuchte zu verstehen was der Mann ihm da sagte.
„Und was sind das dann für Wege
über die du schaust trotz blinder Augen?", er fragte.

„Fühlst du die Sonne - sie verrät dir das Wetter,
sie trocknet dich aus und wärmt dich auf.
Riechst du das Blühen - frische Tulpen, grünes Gras,
immerzu im immer gleichen Ablauf.
Schmeckst du die Luft - ihre Hitze und ihre Feuchtigkeit,
doch jede Minute die Lebenstreue.
Hörst du die Schritte - das joggen, eilen,
gemächliches gehen, die Stimmen der Leute im Winde wehen.
Schließe einmal die Augen und tue es mir gleich,
versuche zu sehen, doch nutze nicht dein Augenlicht."

das große spiel wird auf einer treppe gespielt
wir menschen stehen allesamt recht weit oben
überblicken vieles und beobachten das meiste
es gibt besetzte stufen die sind unter uns
dort tummelt sich vieles aber sieht nicht viel
dann aber gibt es stufen über uns weit oben
wer und was dort steht bleibt uns verborgen
ist es doch zu hoch und viel zu groß für uns
dennoch mit jedem schritt den wir höher kommen
verstehen und sehen wir ganz neues dort unten
eigentlich sehen wollen wir aber was da über uns
darum gehen wir nochmals höher und immer höher
doch das was da oben ist geht ebenfalls weiter
und vielleicht endet diese treppe irgendwann
und vielleicht sehen und verstehen wir dann
doch blicke schön tief nach unten weit zurück
wir sehen nicht den ersten stein dieser treppe
lange ist es her wissen wir doch verstehen nicht
solange reicht auch die unsere Treppe zurück
wenn sie nach unten so lange ist was sagt uns dann
dass sie nach oben kürzer und dass wir je verstehn
oder wenigstens sehen was da über uns ist ?

- treppe

158

wie komisch es doch ist
geboren zu werden
und nicht zu wissen
was das Leben ist

Man strampelt durch die Welt und fällt
tanzt, lacht und weint von Zeit zu Zeit
Ist manchmal ganz allein und fühlt sich klein
verliebt sich und teilt, hat Familie dann

Freunde besuchen einen, Sommerklang
Man baut sich ein Haus, mit Kleiderschrank
erinnert sich im Alter, an was alles geschah

Macht Sachen wie Jacken anziehen
und sich in Jugendlieder neu verlieben
Backt Kuchen ab und an im Jahr
und deckt sich zu am Ende vom Tag

- Aberwitzig

Du bist die Musik, die nie aufhört zu spielen.
Du bist der Garten, der nie vertrocknet.

- für opa

Ein Marienkäfer kam zu mir,
fuhr mit mir von Oppenheim,
bis nach Gau-Odernheim.
Ich setzte ihn bei den Blumen ab,
und sagte, ich würde später
nochmal nach ihm schauen.
Später aber, war er weg.
Er kam für dich,
und nahm dich mich sich mit.
In Liebe,
deine Enkelin

Im Leben bin ich vom Glauben distanziert,
doch im Tod halte ich mich an ihm fest

Ein Gedicht ist so zerbrechlich
kommt da einer daher
der die Worte nicht mag
ist ein Teil des Autors Seele
beschmutzt, erfroren, zerschnitten
und ihm liegt alles an den Worten
was der Leser kann nicht wissen
und so wird das sachte Papier
grob zerrissen.

worte wie diese
darfst du nicht schlingen.
du musst sie genießen,
dass sie zeit haben,
dir wie bittersüße schokolade,
auf der zunge zu zerspringen.

- worte

es geht mir besser
und meine gedichte werden schlechter

ich sehe das leben wieder in farben
doch habe ich verlernt mit ihnen zu malen

meine ohren nehmen musik wieder auf
doch wollen keine eignen melodien mehr raus

geschichten und essays lese ich wieder
schreibe jedoch selbst nichts gutes mehr nieder

ja es geht mir besser
doch meine gedichte werden schlechter

ranzige straßen, entlassene und entlaufene überall
bestellen auf englisch und internationale bücher
der regen als letztes zeichen deutscher haltestellen
cappuccino mit zucker, fahrradklingeln über und unter mir
mainstream als fremdwort, randgruppen als mehrheit
kulturen vermischt in essen, kleidung, musik
übersetzer überfordert, ratgeber überfragt
fliehende psychologen, selfmade esosiater an jeder ecke
anschlüsse werden alle erreicht, kurzschluss im kopf
schmierige kunst, kaputte demoplakate neben juwelieren
stille trauerfeier zur rechten, linksabbiegen zum raven
gradwanderung zwischen genießen und überstehen

Noch heute träume ich von den Straßen
den quadratischen Steinen auf denen ich tanzte
die vergilbten Werbeplakate mit Fotomontage
enge Flure, kleine Zimmer, Gitter vor den Fenstern
das Salz auf der Zunge und die Orangen in der Nase
jeder Sonnenaufgang ein Gemälde, jeder Untergang ein Kuss
mein kleines Café, versteckt vor fremden, bunte Wände
café chocolate jeden Samstag, Sonntag Morgende am Strand
früh mit dem Zug zur Schule fahren
proxima parada; centro de cádiz dann

- gracias

Es war, als wären seine Gedanken
von einem so dichten Nebel bedeckt,
dass einzelne Schwaben ab und an
durch seine Pupillen heraus traten,
und diese kleinen Wolken
benebelten mich.

schokoraspel
aus glas
wunderschön
und sanft
spiegelnd
zerbrechlich
ein hauch
doch so
gefährlich

- *schokoraspel*

Kunst
Weswegen
Wodurch
und
Wofür
Ich
Lebe

Zu viele Menschen
wissen zu wenig.
Weder viel
noch wenig
Wissen haben
manche Menschen
Viel Wissen
haben demnach
Wenige.
Aber wenigstens
wissen diese
Wenigen
Wege.

- Mehrheit

wenn das letzte wort zu papier
die letzte harmonie der zunge
und die letzte farbe leer
dann wird einem der tod sein
nicht das atmen der lunge
nein die lebend' kunst tötet
doch wie auch der sauerstoff
lässt sie zunächst das leben.
mit dem ausströmen der ideen
verblasst der schaffende
vernichtet sich

Um etwas zu verstehen,
braucht es immer etwas Komplexeres
als das Rätsel selbst.

Oder?

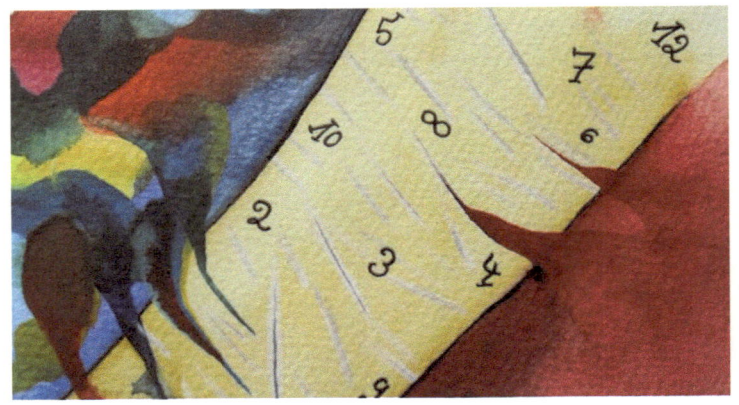

drückend und drohend
ohnmächtig und offen
ziehend und zierend
brutal und blühend
klaffend und klar
roh und rot
filigran

   - körperkunst

Die Buchstaben, Zutaten.
Gewählte Worte, können morden.
Einen Satz finden, verbinden.
Zeichen setzen und neu deuten.
Ich vergifte dich mit Worten.

- tinte oder gift?

jetzt gerade
spaziert jemand
durch meinen Kopf
sieht sich die Tapeten an,
schaltet ein paar Lichter an.
schlendert einsam durchs Gebäude,
spickt hinein in verschiedene Räume.
fühlt sich womöglich wie ein Verbrecher,
doch nein, die Türe stand ja weit offen,
den schlüssel hat jemand in der hand,
eine galerie, ein museum aus worten,
dieser wandernde jemand, bist du.

Es kann nicht einfach sein, einfach zu sein

„Ich bin verblüfft.", sagte er und sah ihr mit einem Blick, der so schwer zu deuten war in die Augen, dass sie es gar nicht erst versuchte und direkt dazu überging zu fragen, was er denn meine.

„Wieso bist du verblüfft?", fragte sie also.

„Ich bin nicht nur verblüfft, ich bin beeindruckt – und ich verstehe es nicht.", sagte er. „Vielleicht bin ich aber auch beeindruckt, gerade weil ich es nicht verstehe." Noch immer lag in seinen Augen dieses gewisse Etwas, das sie nicht zu benennen wusste. Sie lachte auf und schüttelte den Kopf. Er verstand direkt, dass sie glaubte, er würde wieder scherzen, also lehnte er sich über den Tisch nach vorne, um ihr deutlich zu machen, dass es gerade kein spaßiges in den Himmel reden war. „Nein, nein…", er lachte leise und warf einen Blick zu seiner halb vollen Kaffeetasse. „Ich verstehe es nicht, aber auch sonst versteht es niemand. Verstehst du?", Hoffnung lag in seinem Blick. Er hoffte darauf, in ihr die Gesprächspartnerin zu finden die er schon so lange suchte.

„Was ich verstehe, ist, dass du etwas nicht verstehst, dass auch sonst niemand zu verstehen scheint. Aber was dieses Etwas ist, weiß ich nicht.", sie stellte ihre Beine nebeneinander, nur um das linke dann doch wieder zu überschlagen.

„Hm…", er seufzte und ließ seinen Blick durch das abendliche Café schweifen, ehe er wieder bei ihr hängen blieb. „Was hier könnte einen denn verblüffen?" Diese Frage meinte er völlig neutral. Er wollte nicht, dass sie versuchte zu erraten was ihn verblüffte, er wollte, dass sie selbst etwas fand. Von der Frage etwas ertappt, sah sie sich um. Nach einer Weile nickte sie in Richtung einer Frau, die am Nebentisch saß. Er musste sich auf dem Stuhl drehen, um einen kurzen Blick zu ihr hinüberzuwerfen. Es war eine ältere Dame mit rosa Hut und tiefsitzender Brille. Vor ihr stand eine leere Tasse Tee und ihr gegenüber eine volle zweite, doch niemand saß vor der zweiten Tasse.

„Diese Frau verblüfft mich.", sagte sie.

„Sie wartet auf jemanden.", antwortete er.

„Auf wen sollte sie über eine Stunde warten?"

„So lange saß sie da?", fragte er. Sie nickte:

„Du bist ihr mit dem Rücken zugewandt, deshalb siehst du sie nicht die ganze Zeit. Aber ja, solange sitzt sie dort schon.", mit diesen Worten hob sie den kleinen silberfarbenen Löffel und rührte in ihrer längst ausgetrunkenen kleinen Espresso Tasse herum. Sie achtete darauf, kein Geräusch zu machen, auch wenn das leise Klirren lediglich die Geräuschkulisse dieses abendlichen Cafés unterstützt hätte.

„Wieso hast du meine Frage gerade mit ihr beantwortet?", fragte er nach.

„Ich lese jeden Samstagabend in diesem Café. Es ist ein ruhiger Ort. Diese Frau kommt ebenfalls jeden Samstag hier her. Seit Wochen sitzt sie dort - immer allein. Aber das war nicht immer so. Ihr Mann verstarb vor ein paar Monaten. Bevor er diese Welt verlassen hat, besuchten sie das Café immer zu zweit. Sie redeten viel. Manchmal waren sie vor mir da und gingen nach mir - was hin und wieder wirklich spät war. Für mich waren sie das, was man ein Traumpaar nennt. Wenn sie sprachen, leuchteten ihre Augen erfüllt, sie lächelten und waren wie abgeschottet von dem Rest der Welt solange sie an diesem Tisch saßen.", sie ließ den Löffel in der Tasse ruhen und wartete auf seine Reaktion. Er schwieg eine Weile, dann nickte er kaum merklich.

„Das ist traurig ... Aber, was daran verblüfft dich?", er stützte einen Ellbogen auf dem Tisch ab und sah nachdenklich drein.

„Sie betritt das Café immer traurig, aber verlassen tut sie es mit neuer Energie. Manchmal lächelt sie sogar erfreut. Findest du das nicht verblüffend? Ist nicht der Ort, an dem man die meisten Erinnerungen mit einer geliebten Person gestrickt hat, der Ort der einen am meisten verletzt, wenn diese Person nicht mehr ist?", fragte sie.

„Ich denke, das kommt auf den Persönlichkeitstyp an.", teilte er seinen Gedanken mit. Doch sie hatte eine andere Vorstellung und ignorierte seinen Kommentar fast gänzlich; „Ja vielleicht das auch. Aber ich glaube, dass er noch hier ist." Sie lächelte.

„Noch hier in einem höheren Sinne?", er legte den Kopf schief, dachte einen Moment über die Falten in ihrem Gesicht nach, sie hatte ein schönes Lächeln. Jetzt nickte sie.

„Genau.", noch immer lächelte sie, doch es verblasste in der Ruhephase, die jetzt einkehrte. Sie lauschten beide der leisen Jazzmusik die im Hintergrund lief. Erst wenn man richtig hinhören wollte, nahm man sie wahr. Genauso nahm man auch erst das Kerzenlicht wahr, wenn man es denn wollte. „Weißt du ...", begann sie nach einer Weile. „Es kann einfach nicht sein, dass wir geboren werden als ein Individuum ohne Gleichnis und dann nach einem Wimpernschlag wieder sterben. Seit über 4 Milliarden Jahren gibt es diesen Planeten, der irgendwo im Nirgendwo ist, das wiederum in einem noch größeren und noch viel älterem Nirgendwo ist.", sie sah ihn fassungslos an. „Würden wir einen Strahl zeichnen vom Anbeginn unseres Universums an und anschließend die Lebenszeit der Erde – also bis jetzt – markieren, wäre das eine sichtbare Strecke. Wenn wir jetzt aber die durchschnittliche Lebenszeit eines Menschen nehmen würden und das dort eintragen ...es wäre nichts. So gut wie gar nichts zumindest – im Vergleich. Also wieso um alles in der Welt gibt es über 7 Milliarden Seelen, die sich allesamt voneinander unterscheiden? Sie haben unterschiedliche Körper, ihre Gene sind bei jedem anders, ihre Interessen und Vorlieben teilen sich manche, aber andere wieder gar nicht. Manches überlappt – aber dennoch gibt es bei jedem Einzelnen Individuelles, das nicht abgeglichen werden kann. Wir sind alle ein Unikum! Keiner wie der andere! Wieso das alles? Bloßer Zufall? Eine Kette von Ereignissen? Natur? Oder mehr?" Jetzt verstand sie, was er zu Beginn des Gesprächs meinte.

„Das ist es was mich verblüfft und beeindruckt. Das ist, was ich nicht verstehe.", sagte er und ließ sich wieder in seinen gepolsterten Stuhl sinken. "Es kann nicht einfach sein, einfach zu sein und keine Antworten zu haben auf die grundlegendsten Fragen."

ich mag kunst
weil sie auch
nicht beendet
vollendet i

Nachwort der Autorin

Buenas lieber Leser,

Alle Gedichte und Prosatexte in diesem Buch wurden zwischen 2020 und 2024 geschrieben. Die Zeichnungen und Aquarelle sind mehrheitlich ebenfalls in diesen vier Jahren entstanden. (alles mit Farbe größtenteils während meinem Spanien-Aufenthalt ;))

Wie du sicher bemerkt hast, gibt es nicht „die eine Struktur" die sich durch das gesamte Buch zieht. Einige Gedichte folgen einer anderen Groß-/Kleinschreibung als andere. Da ich die ersten Gedichte, die hier vorzufinden sind, im Alter von 15 Jahren geschrieben habe und damals als vollendet erklärt habe, wollte ich das Schema, dem sie folgen, nicht einfach neu aufstellen. Daher bitte ich eventuelle Irritationen zu entschuldigen.

Die Texte in diesem Buch sind außerdem nicht chronologisch nach Verfassungsdatum geordnet.

Alle Fotografien in diesem Buch wurden von mir selbst aufgenommen. Die gemalten Bilder sind ebenfalls alleinig von mir.

Ein ganz großes Danke an jeden Leser. :D
Ich hoffe, dir haben einige meiner Gedichte zugesagt, dich mit schönen Bildern zurückgelassen, oder aber auch dich zum Nachdenken angeregt.

Über Rezensionen freue ich mich natürlich immer! ^^

Noch ein schönes Leben wünsche ich dir,
Naima :)

Telefonnummern

Zögere nicht, dir Hilfe zu suchen, wenn es dir schlecht geht. Es liegt in deinem eigenen Ermessen zu entscheiden, wann es dir schlecht geht. Vergleiche dich nicht, entscheide selbst, wann du Hilfe brauchst.

- 0800 1110111 (Telefonseelsorge Deutschland; erreichbar 24 Stunden, 7 Tage die Woche - gebührenfrei)

- 116 111 (Nummer gegen Kummer; erreichbar Montags bis Samstags von 14 bis 16 Uhr - gebührenfrei)

- 030 12074182 (Heimwegtelefon, deutschlandweit; erreichbar Sonntags bis Donnerstags von 20 bis 24 Uhr, Freitags und Samstags von 20 bis 03 Uhr - hier gelten die typischen Telefongebühren)

Zur Autorin

Naima, die 2004 in Mainz in eine Künstlerfamilie hinein geboren wurde, schreibt seit der Grundschule. Online findet man einige Kurzgeschichten, sowie Blog-Artikel die seit 2017 unregelmäßig veröffentlicht werden.

Nach der zehnten Klasse lebte sie für ein Jahr im Süden Spaniens, wo sie eine Kunstschule besuchte. Dort lernte sie die Grundlagen der Malerei, sowie viel über die Geschichte der Kunst. Neben dem Schreiben und der Kunst lebt sie für die Musik. Ihre eigene Musik veröffentlicht sie unter dem Namen Naima Hermione.

Instagram: @naima_hermione
Website: naimahermione.com
Spotify, YouTube: Naima Hermione
E-Mail: naima-hermione-art@web.de